A MOTHER'S LOVE

AMOR DE MADRE CAMILA PEREZ-GODDARD

Balboa Press books may be ordered through booksellers or by contacting:

Balboa Press
A Division of Hay House
1663 Liberty Drive
Bloomington, IN 47403
www.balboapress.com
1 (877) 407-4847

ISBN: 978-1-4525-9569-6 (sc)
ISBN: 978-1-4525-9570-2 (e)

Printed in the United States of America.

Balboa Press rev. date: 4/29/2014

BALBOA.
PRESS
A DIVISION OF HAY HOUSE

Contents
Contenido

Acknowledgements 3

Agradecimientos

Introduction to the Book..5

Introducción al libro

Answers 26

Respuestas

Dedication...28

Dedicatoria

Acknowledgements

I would like to first thank my parents, Miguelina Perez and Greg Goddard for their support of me. Very special thanks to my Titi, Aixa Gannon for all of her help, as well as doing the Spanish translation. Thank you to all of the goddesses and soul sisters that have shown me love through this process. Thanks to Dulce Paz for photography.

I could not have accomplished this without the help and encouragement of my professors at California Institute of Integral Studies, especially my mentor Sandra Pacheco, my advisor Ellen Durst, Isabel Garcia, Zoe Sipe and Kathy Littles. Johanna Rudolf at City College of San Francisco provided expert technical help with the illustrations. The staff of Balboa Press provided valuable technical help as well.

The inspiration for this book comes from my nephew Dylan and the spirit of his mother, Heather Luisa Goddard, for being present with me through this whole process. She lives on in our hearts every day.

Agradecimientos

Primero le quiero dar las gracias a mis padres, Miguelina Perez y Greg Goddard por todo su apoyo. También, gracias muy especialmente a mi Titi, Aíxa Gannon por toda su ayuda y por traducir el texto. Gracias a todas las diosas y hermanas de corazón, quienes me demostraron amor durante este proceso. Gracias a Dulce Paz por la fotografía. No hubiera logrado esto sin la ayuda y apoya de mis profesoras del el California Institute of Integral Studies: mi mentora Sandra Pacheco, mi consejera Ellen Durst, Isabel García, Zoe Sipe y Kathy Littles. Gracias a Johanna Rudolf de City College of San Francisco quien brindo ayuda experta en la técnica de las ilustraciones. El personal de Balboa Press también prestó ayuda técnica muy valiosa.

La inspiración para este libro se la debo a mi sobrino Dylan y al espíritu de su mamá, Heather Luisa Goddard. Aunque ella ha fallecido, ha estado presente conmigo durante todo el proceso. Ella vive en nuestros corazones todos los días.

Introduction to the Book

A Mother's Love: A Children's book addressing the death of a parent.

I remember the day my sister asked me to be the Godmother of my new born nephew, Dylan Hawk. While I held him in my arms, she said, "If something ever happens to me, I would expect you to love and care for my son." I was honored by the gesture, taking my new role seriously although I never imagined my sister would leave us so soon.

I knew exactly what I wanted my research project to be from the moment I entered the California Institute for Integral Studies in San Francisco; to create a children's book addressing the death of a parent. I was inspired to create this book for my 2 year old nephew, and Godson whose mother passed away shortly after his first birthday. My sister's sudden passing was the most painful event of my life. Through my grief, I realized that I had a strong desire to help my nephew understand the loss of his mother, comfort him through his own grieving process and help to facilitate his relationship with her spirit. While researching the ways to address the death of a parent to a young child, I found there to be a lack of children's picture books on the topic of death. I became determined to write and illustrate a children's book for my nephew Dylan in hope that I could create a tool to introduce the topic of death to a young child in a non-threatening way. Not only do I want my children's book to help my nephew, but I am hoping that it can be used to help other bereaved children as well. Through my research, writing and illustrations I have created a children's book that can be used as a tool for helping bereaved children. Although my sister passed away at 38, and only lived to see the first year of her son. I will not let her memory die. I will do everything in my power to celebrate her and share her presence with her son.

Introducción al libro

Amor de Madre: Un Libro para niños sobre la perdida de una madre

Recuerdo el día que mi hermana me pidió que fuera la madrina de su recién nacido, mi sobrino Dylan Hawk. Mientras lo tuve en mis brazos, ella me dijo "Si algo me pasara, yo espero que ames y cuides a mi hijo."

Me sentí muy honrada y decidí tomar el papel de madrina muy en serio. Nunca me imaginé que mi hermana partiera tan pronto.

Desde el momento en que ingresé al Instituto de Estudios Integrados en San Francisco California (California Institute of Integral Studies CIIS) supe lo que quería hacer para mi proyecto de investigación. Quería escribir un libro para niños pequeños sobre la muerte de una madre. Mi inspiración para crear este libro fue mi sobrinito y ahijado de 2 años de edad. Su Mamá, mi hermana, murió poco después de su primer cumpleaños. La muerte repentina de mi hermana ha sido la experiencia mas dolorosa de mi vida. Mientras atravesaba por el duelo de su muerte, sentí un gran deseo de ayudar a mi sobrino a entender la perdida de su madre, consolarlo en su propio duelo, y ayudarle a tener una relación con el espíritu de su madre. Mientras buscaba la mejor manera de hablarle a un niño pequeño sobre la muerte de su madre, descubrí que casi no habían libros sobre este tema para niños pequeños. Decidí escribir e ilustrar un libro para Dylan que también pudiera ser utilizado con otros niños. Sería una manera de presentar el tema de la muerte a un niño/a pequeño de una manera sencilla, y que no les cause miedo.

Aunque mi hermana murió a los 38 años y solo llegó a ver su hijo Dylan durante su primer año de edad, no dejaré que su memoria muera. Haré todo lo que pueda por celebrar su vida y compartir su recuerdo con su hijo.

Your Mommy wanted you so much, she prayed for you to come into her life.

How many hearts can you find?

Tu Mami te deseaba tanto, que rezó porque tu llegaras a su vida.

¿Cuántos corazones puedes encontrar?

One day as she was praying for a baby, an elder brought her a Hawk's feather.

Your Mommy named you Dylan Hawk.

The Hawk is your spirit animal and will always protect you.

How many hearts can you find?

Un día mientras ella estaba rezando por un bebe, una persona mayor sabia le trajo una pluma de halcón. Por eso cuando naciste tu Mami te llamó Dylan Hawk (halcón en Inglés) El halcón es tu animal guía, tu espíritu hermana, y siempre te protegerá.

¿Cuántos corazones puedes encontrar?

The day you were born was the happiest day of your Mommy's life!

She was so grateful to have the beautiful son she always wanted.

Holding you in her arms, she felt as if her life was complete.

How many hearts can you find?

El día que tu naciste fue el día mas feliz en la vida de tu Mami. Ella estaba tan agradecida de tener el precioso hijo que siempre había deseado. Al tenerte en sus brazos sintió que al fin su vida estaba completa.

¿Cuántos corazones puedes encontrar?

Shortly after your first birthday, your Mommy got very sick and died.

The family was very sad for a long time.

And we are still sad sometimes, because we miss her laugh and smile.

But we knew that she would want us to be strong for you.

She's the daylight shining through your window every morning at dawn.

How many hearts can you find?

Poco después de tu primer cumpleaños, tu Mami se puso muy enferma y murió.

Toda tu familia se puso muy triste por mucho tiempo.

Y todavía nos ponemos tristes a veces porque echamos de menos su reír y su sonrisa. Pero sabemos que ella quiso que nos mantuviéramos fuertes para apoyarte a ti.

Ella está en la luz del día que entra cada mañana por tu ventana.

¿Cuántos corazones puedes encontrar?

If you reach deep into the sand at the beach you can imagine holding your mommy's hand

Her spirit is everywhere, always watching over you, because she loves you very much!

How many hearts can you find?

Si hundes tu mano en la arena de la playa puedes imaginarte la mano de tu Mami. El espíritu de ella está por todas partes, siempre velando por ti, porque ella te quiere muchísimo.

¿Cuántos corazones puedes encontrar?

Look up at the starry night sky...can you see your mommy in the stars?

How many hearts can you find?

Mira el cielo en una noche estrellada ¿puedes ver a tu Mami en las estrellas?

¿Cuántos corazones puedes encontrar?

There is even a special day to celebrate your mommy On the Day of the Dead, we can honor her by making an offering with flowers, pictures and her favorite things.

How many hearts can you find?

Hasta hay un día especial cuando puedes celebrar a tu Mami. En el día de los muertos podemos honrar su memoria ofreciéndole flores, poniendo fotos suyas, y sus cosas favoritas en un altar.

¿Cuántos corazones puedes encontrar?

Even though you won't be able to see your mommy in person again, you can still talk to her whenever you want. Her spirit is always listening.

How many hearts can you find?

Aunque no la puedas ver, puedes hablar con ella cuando quieras. Su espíritu siempre te escucha.

¿Cuántos corazones puedes encontrar?

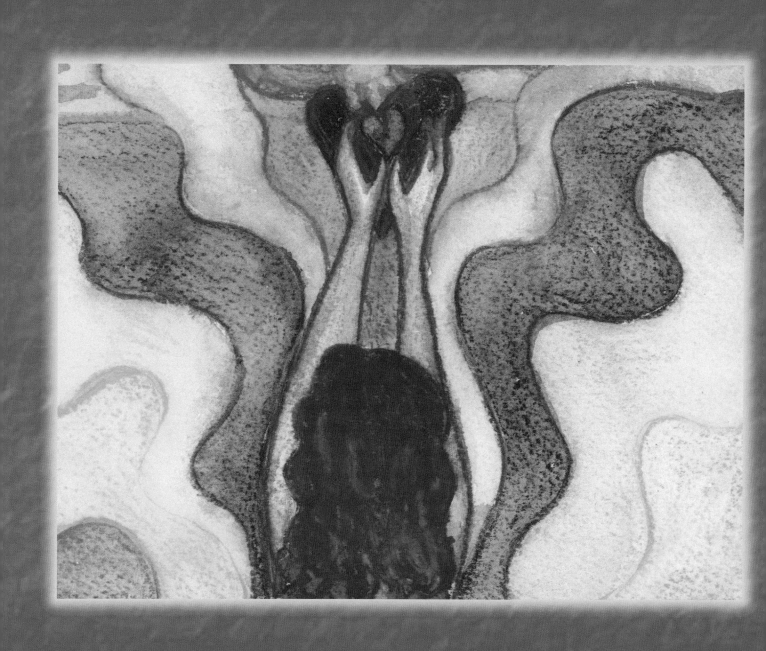

If you ever have questions about your mommy, don't be afraid to ask,

We love remembering her.

And never forget that your mommy loves you!

How many hearts can you find?

Si alguna vez tienes preguntas sobre tu Mami, no tengas miedo de preguntar, pues nos encanta recordarla. Y nunca olvides que tu Mami te quiere mucho y yo también.

¿Cuántos corazones puedes encontrar?

Answers

Respuestas

2 hearts
2 corazones

0 hearts
0 corazones

1 heart
1 corazón

1 heart
1 corazón

3 hearts
3 corazones

8 hearts
8 corazones

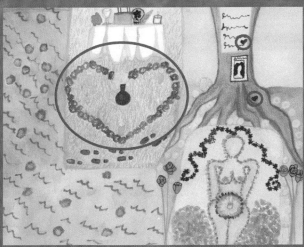

3 hearts
3 corazones

Too many hearts to count
Demasiado corazones para contar

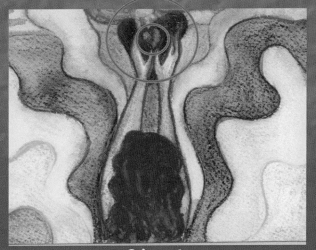

2 hearts
2 corazones

Dedication

For Dylan Hawk, my beautiful gift from my sister. I love you very much!

Dedicatoria

Para Dylan Hawk, un regalo precioso de mi hermana. Te quiero mucho!